예감

이순애 시집

月刊文學 출판부

| 시인의 말 |

어린 시절 꽃동산이던 시골집
가난해도 풍요가 넘쳤다
사람이 밥만 먹으면 사는 게 아니라
꽃을 보고 살아야 된다고 하시던 어머니
어둠을 뚫고 빛으로 솟아오르는 씨앗은
추위와 목마름으로
땅속에서도 산전수전 다 겪었다
빛이라지만 아직 길고 긴 터널을 지나
꽃이 될 수 있다는 것을 안 후에야
꽃은 기쁨만이 아닌 처절한 인내와
슬픔의 눈물을 지녔다는 걸 알았다

갈 길은 더 멀고멀다

꽃은

어머니의

삶을

사랑을

기억하라 속삭인다.

2018년 3월
첫 시집을 내며

차례

근사치 2

또 봄 3

생명의 회귀 4

시의 궤변 5

봉헌 6

1

추부 깻잎

적막속의 들숨

찌그러진 사립문
밀고 들어선 빈 집
사람의 흔적 더듬어 본다
오색 꽃바람 일렁여
푸른 잎에서
호도독 살아 튀어 오르던
물방울 같은 숨결 오간데 없다
어둠속 자욱한 안개
빈 유리창 끌어안고 우는데
바람마저 찬 서리에 쫓긴 후
눈멀어 다시 찾지 못하는 적막함
화장된 낙엽의 영혼이 허공을 맴돈다
멀리 가물거리는 등대 불빛
절룩거리며 걸어오는데
순백의 손목 잘린 갈대는 안아주지 못해
말없이 돌아서는 발걸음 일 때
허기진 거미줄에 묶여버린 사랑
손 마주 잡는다
겨울새 한 쌍

빈 둥지 안에서
들숨 고르고 있다.

채석강

변산반도 서쪽 바닷가 도서관
바다 물결과 바람의
오랜 만남을 기록해 쌓아올린
수만 권 책 채석강 있다
얼마나 더 쌓여야
강이 아닌 바다로
이름 불릴 수 있을지
한 줄 역사 올리기 위해
남에서 북으로
북에서 남으로
밀고 당긴다
이산가족 납북자
개성공단 금강산
물결이 인다
물결과 바람의 만남은 파도가 일겠지만
진정 잠재워야 할 것은 파도가 아닌
핵폭풍 아니던가
그대 우리 서로 손 잡으면
온 지구상의 폭풍도 잠자는

거대한 기록이 쌓인다는 것
그것을 아는지.

화합(和合)

밤새워 기다리던
새벽달 앞세우고 산행에 나선다
부지런한 까치 종종걸음으로 길 안내하고
나무에 친친 감긴 밤꽃 향기와 향기 사이
들락거리던 다람쥐
어슴푸레한 그림자에 놀란 듯
앞발을 바짝 치켜세우고 곁눈으로 본다
사뿐하던 발걸음 깔딱 고개 이르러 더디어지면
숨 고를 수 없어 한 줄기 실바람 휘어잡는다
새 소리 쓸어 모아 주머니에 가득 넣고
하나씩 꺼내 맛을 본다
목이 시원하고 숨이 달콤하다
딱따구리 위엄 있게 으르렁 대는 소리
사방에서 달려오는 바람
귓가에서 앞 다투고
나뭇잎 사이 한 줄기 빛
달과 해
화합(和合)하는 순간
하루의 시작이다.

허물

훌훌 벗겨 놓은 과일 껍질
빠져나간 제 살 그리워
순간순간을 끌어당긴다

푸르름을 자랑하던 시절
하늘 향해 미소지으며
강렬한 눈빛 마주치자
얼굴 붉어지던
추억을 쫓아간다

애달픔으로 메마른 육체
탱그르하던 몸 뒤로 하고
가벼운 마음 허물 되어
허공으로 날아간다.

천연기념물 태백산 주목

어둠의 손길 밤새
거친 휘파람 소리와 함께
태백산 주목 내리친다

칼날 휘두르던 기세 꺾이고
아득히 쫓겨가며
먼 골짜기에 꼬리를 묻는다

깊은 뿌리에서 천년의 잎까지
물길을 나르던 줄기
덕지덕지 터진 발바닥
피가 흐른다

흐르는 피
다가올 천년의 약속이라며
아침 햇살
한자락 길게 끌고 와 덮어 준다

인천상륙작전이 끝났다.

파닥이는 향기

시냇물 속으로 돌돌 굴러가는
연분홍 꽃향기
물새 한 마리가 물고 흔든다.

세 살 박이 어린아이 놀듯
따스한 햇살에 파닥이며
뛰노는 꽃향기
꼬리치며 미끄러지듯
물결 따라 도망친다

빈 부리를 도리도리 흔드는
장난스런 물새 가슴
연분홍 꽃잎이다.

추부* 깻잎

깻잎을 씻는다
투명한 물줄기에 가슴속 멍울 풀고
뼛속까지 녹여 진녹색으로 흐른다

깻잎에 어리는 동그란 얼굴
금순 언니 서른 둘 청상의 한을
한 잎 두 잎 쌓아 올린다
쌓인 한은 두 배이고
한 치 모자란 왼쪽 다리
앞발로만 살짝 찍어
팔순을 넘긴 젊은이다

부지런한 손길은
찌는 듯한 비닐하우스가
시원한 원두막이다
팔십 평생 쌓고도 모자라
온몸 흠뻑 땀으로 적신다
손자들 손바닥 같은 깻잎을 만지며
금쪽같은 미소 여물어 간다

홀씨가 바람을 기다리듯
두발 모을 때
더 높이
날 수 있겠지.

* 추부 : 충남 금산군 추부면에서 전국의 깻잎 7~80%가 나온다.

여름 밤

박꽃 된 어머니 미소로 환한 앞마당
초가지붕 위 덩시러니 올라앉은 보름달은
지금도 젖무덤 같은 뽀얀 엉덩이 내밀고
내다보는지

품속에 묻어 둔 걱정을 꺼내
철새의 젖은 날개 부채로 말리고
쑥 냄새 허드륵허드륵 흩어져
눈물 글썽이던 모깃불 타오르는지

삼베치마 노랗게 굽 담근
구수한 냄새 제 음자리 찾아
가실가실 시원하게 노래로
다가오는 밤

고요 속
환히 웃고 있는
어머니 얼굴이 보인다.

여름과 가을 사이

다시는 오지 않을 것 같던
참으로 오랜만에 날아온
기별 같은
바람

청개구리 한 마리 연못으로 뛰어들듯

첨벙 파문으로 다가와
와락 안긴다

바늘귀만 한
출구도 없다고 생각할 때

서늘한 바람 앞에 펼쳐지는
황금벌판

사랑은 그렇게
순간으로 오는가.

여름 가뭄

마당의 연잎 위

새끼 개구리 한 마리

헐떡이고 있다

물방울처럼 가벼운 몸

지고 갈 햇살이

한 짐이다.

신음

안개 걷히는
바다가
되기 위해
소금에 절지 않으면 안되듯
꽃이
되기 위해
벌 나비에 쏘이지 않았겠는지요.
어둠에 휩싸인 층계마다
웃음꽃 피기 위해
볼품없이 말라비틀어진 짠무지처럼
신음하고
부드럽던 바람과 햇볕
동백꽃같이
울컥
서럽기도 했지요.

선물 천년초

정성이 가득
품에 안긴다
천 년 길러
천년초라 했다
천 년 살라
천년초라 했다
동방삭이 손금 흐르는
물길에
당뇨를 씻고
시(詩) 밭에 마음껏 뒹굴어 보란다
몇 뼘이고 재어본
백지의 공간
애면글면 가꾼 끝에
미끈덩 빠져나온
올찬 시(詩)
기껍게 천 년 살아보라는
제자 김종재의 선물
천년초.

첫눈이다

외딴집 강아지
꼬리 달아난다
빙글빙글
함께 돌아볼까
뽀얀 하늘 보며
용수철처럼 튀어올라 볼까
들에는 빈 원두막
살이 통통 오른 송이버섯이고
이삭 없는 수수깡 지키느라
아직 잠들지 못한 허수아비
고개 숙여 축복의 기도 올린다
가을걷이 끝난 긴 밭고랑
은빛 실크 깔아 놓고
산비둘기 한 쌍 발맞춰 걸어간다
wedding march 끝나자 꽃가루 흠뻑 뿌려준다

해마다
첫눈 오는 날이
기념일이다.

흰눈이 쌓이던 날

하늘의 세월이 내려와 쌓인다
송이마다 각각의 사연으로 내려온다
공허한 마음에
잃어버린 세월에
이미 내 것이 되지 못한 열망으로
타버린 재가 되어 하얗게 날린다
힘껏 움켜쥐어 본다
가슴으로 안아 본다
지구를 되돌려 잡지는 못할지라도
다시 눈으로 태어나
하늘을 거슬러 오를 수는 없더라도
나의 열정을 냉각시켜
녹지 않는 눈으로
활짝 핀 눈꽃으로
찬란히 피우리라
피워 보리라.

진눈깨비 속

비 같은 눈이 펑펑 내리는 혜화로의 오후
우산을 고이 접어들고 흠뻑 맞고 가는 사나이
시선은 땅을 향하고 있다
자라목처럼 움츠린 머릿속
세모 네모 동그라미
가 나 다 라
명심보감 소학 대학 꽉 차 있다
푸르고 붉은 세월까지
머릿속 과부하 걸리고
발걸음 더디다
사나이의 마음을 헤아리기라도 하듯
좍— 좍— 소낙비 내리니
확 튀어나온 목으로
하나 둘 세며 발걸음 가볍다.

태극기

—런던 올림픽

죽기 살기로
싸웠을 때 졌고

죽기로 싸워서
이겼다는 선수

런던 올림픽 광장에 태극기 펼쳐 큰절 올려
대한민국 심장에 무궁화 심고

영국 6·25 참전용사묘역에 감사의 절 올려
세계의 심장에 무궁화 꽃 피웠네

하늘의 가슴에 눈물 꽃 피고
불꽃 같은 사랑의 가슴

영원히 지지 않는
정의의 꽃 피웠네.

2

근사치

부딪힘의 예찬(禮讚)

사철 흐르는 냇물
아침저녁 거니는 냇가인데
발길 멈춘 채 넋을 잃고 바라본다
밤 깊을수록
하소연하듯
목청 높이는 물소리
온 마음을 끌고 간다
크고 작은 바위에 부딪힐 때마다 얼음 같은
은빛 물기둥 솟아올랐다 추락하는 소리
한 맺힌 여인의 통곡이며
몸부림의 절규
그것을 우리는 아름다움의 극치라 한다
달빛에 비치는
물결의 아픔은
반짝이는 천상의 출렁임이니
잔잔한 흐름을 물결이라 할 수있을까—
부딪히며
굽이굽이 흐른
삶.

근사치

그리 붐비지 않은 시간
지하철 노약자 보호석 앞 서성일 때
야윈 얼굴 혈색 없는 하얀 피부
백색 머릿결이 연륜을 말해주는 여인
유난히 빨간 입술
무심코 바라보다
소스라치게 놀란다
누가 내 나이를 물어오면 서슴없이
육육은 삼십육이다 라고 했다
만나고 싶지 않고
꿈에도 생각지 않은
근삿값이란 자
불쑥 손을 내민다
삐걱거리며 핏줄 하나씩 끌어당긴다
함께 가자며 종이와 펜을 꺼내드는 순간
너는 누구냐며 호통을 친다
정이월 바람처럼 맨살 파고 들락거리더니
본드처럼 찰싹 들러붙어
입맛이 씁쓸하다
자일리톨껌 두 알 꺼낸다.

서러운 향기

지축을 흔들던 밤 지나고
정원에 한가득 피어오른 백합
보름달 달무리 끌어당기듯
향기 무리지어 감싸고 있는데
꽃에 홀린 벌처럼 다가가다
멈칫 뒷걸음질 친다

향기가 노여워 할까봐

마음의 잔잔한 물결 아니면
실바람 이는 미풍에나마

서러워 할까봐

떨리는 두려움으로
긴 밤을 지새운 소용돌이 한가운데
네 영혼 있음이겠지

아직 더 바쳐야 할 밤을

더듬거리고 만지작거리며
내 가슴속 창 하나
열지 못하네.

산낙지가 잠드는 저녁

회색 접시에 바다가 출렁인다
한때 갯벌을 누비던 낙지
토막난 몸들이 뒤엉켜
바다로 돌아가려는 몸부림으로
살아온 삶의 회한으로 파도친다.

밀물과 썰물처럼
가야 할 때를 아는 낙지
허공을 향한 꿈을
한 잔의 소주에 묻을 때
바다는 고요하고
참기름 향이 낙지의 영혼을 덮는다

맴돌던 해풍에게는
문상하는 장례의 장이 되고
취객에게는
무르익는 축배의 장이다.

바다와 바람

숨차게 내리는 비
깨어진 물방울의 아픔들
도랑에서 만나
내를 이루어
강으로
바다로

그래서
바다는 바람이 자지 않고
물결치는가
끈임 없는 물결은 내 시린
가슴속
파도

짠물 위에 노는 바람
제가 만든 파도에 찢기기도 하지만
다시 일어나 몸을 추슬러
앞으로 달린다

수평선을 읽는다.

밀물

——세월

초승달 보름달 되듯
썰물은 밀물 되어 차오른다
밤새 먼 곳 어느 섬 기슭에서
사랑에 목말라하는 이의 가슴 적셔주다
번뜩이는 물고기 등살에
은빛 고리를 물고
퍼덕이는 아우성으로
저리 급히 달려오나

아침 물결 맞으려
새벽을 기다려온 부두에게
살짝 등 돌리며
푸른 치마폭 휘어잡듯
추스르고 도는
저 눈 시린 물살의 모양새

다시 거대한 바퀴살 돌듯
그렇게 굴리며
오고

또
가려 하는가.

장고항의 일출

숨죽은 듯 긴 밤
한 눈도 못 붙인 채
어찌할 수 없었던
잉태의 산고를 치른다

아픔도 잠시인 양
심연의 바다에서
어두움을 뚫고
새 생명이 태어난다

바닷물을
온통 산후의 피로 물들이고
그 한가운데서
황진이의 눈썹 같은 아침 해가 떠오른다

쑤욱 쑤욱
힘차게 솟아오르는 눈부신 태양은
소나무 가지를 지나
어느새 창가에 다가와 아침인사 한다
당신에게 평화가 있기를! 아멘.

비에 젖은 카사블랑카

하얀 카사블랑카 향기를
가지고 놀며 허벌허벌 흐드러지게
웃다가 소낙비에 주르르 눈물 흘려
우산을 받쳐주지만 태풍 소식에
불안하다

꽃이 피고 지는 것이야
세월 따라갈 뿐
잠시의 사랑으로 버틸 수 있나
향기의 중심이라 뽐내던 자태
평생 지닐 방법 어디에도 없는데

웃음 녹아든 삶은
어둠속 등잔불이 촛불의 밝음으로 다가오듯
기쁨이었어
홍수를 감당할 수 없는 암흑의 바다이듯
눈물이었어.

바다의 품

넓다
깊다
사랑이다

나목이 눈 뜨고
녹음이 그늘을 드리우며
빛 고운 단풍이 붉은 눈물 흘린 후
잠드는 곳

젖냄새 폴폴 날리는
여인네가 냇물에 빨래하듯
세상을 헹구어 놓는
눈앞의 바다는

그리움 보따리.

비오는 날

시원하게 달리는 빗줄기 속에
바싹 굽은 허리 밀어올린다
딸이 없는 어머님
당신 키만 한 들통에 붉은 고추 갈아
군침 도는 서걱이는 열무김치 가득 담아
인천에서 서울까지 단숨에 오신다
왜 비오는 날 오시냐는 성화에
먼지 안 나고 시원하다 웃으신다
딸처럼 하는 투정 다 받아주고 두어 달 후
비오는 날 나서며
접시에 구슬 돌듯 하는 손자들 밟혀 뒤돌아보던
그 모습
하늘 문이 열린다는 쾌청한 가을날
차가운 얼굴을 부빈다
시어머니가 며느리 낳는다는 말
누가 그리 용(庸)하던가
머리 위에 먹구름 내려와
빗방울의 영혼 일깨우면
우산을 들고 나서 본다.

물동이

새벽별 한가득 담아
손 놓은 채 머리에 인
날렵한 물동이

치맛자락
휘어잡은
어머니 모습

조롱바가지 물 위에 뜨듯
종일 동동거리는 발걸음
아련한 기억 속에
내 발을 포개어본다

넘치거나
마르지 않던 물 찰랑거리고
치마폭 사이마다
휘파람 소리 나던 한낮 지나

초저녁 달

덩시러니 들어앉은
장독대의 물동이.

자화상

분꽃 향기에 휘둘린
바닷물
저만치 달아난다

저무는 해
몇 날의 황혼빛 모아서
쏟아부었는지
마주할 수 없는데
산 중턱 아래 어미 소
눈 껌뻑이며 집어삼키고 있다

어스름 땅거미
갈매기 깃 사이마다 파고드는데
허물어져 가는
남의 빈집 뒤집어 쓴
집게 한 마리
무엇을 찾느라 저리 바쁜지.

바늘구멍

사과나무 한 그루
눈꽃처럼 하르르 꽃잎 진 후
유월의 녹음 같은
푸른 열매 끌어안고
미끄러지듯 계절 위로 걸어간다

먹구름 소나기 회초리 되어
상처나는 얼굴
두 손으로 감싸
눈물로 쓰다듬는다

무지개처럼
눈부시지 않고
가뭇가뭇 심심치 않게
검은 별 박혀 있어도
쳐다보기 아까운 사과 알

젖줄 말라가는 나무에게는
바늘구멍을 통과한
낙타였다.

가슴 찡한 장미

뙤약볕 같은
흑장미 들여다보다
눈을 감는다

코끝이 눈물 글썽이며
숨 멎는
아픔으로 젖어드는
어머니 내음 속

거미새끼 까 나오듯
오글오글 걸어나오는
무수한 언어들 손등을 기어다니고

내 젖은 손과
갈퀴 손 함께
가난을 만질 때

바람이 눈을 뜨고 들여다보는
가슴 찡한

유월의 장미
어머니.

바람

숲속 초록 바람
마당가 원두막에 올라앉아
다리 꼬고 요리조리 비틀다가
맨발로 나가더니
후두둑 살구나무에게 얻어맞고
노랗게 멍들었다

번뇌에 젖어든 보리수나무 밑 지나다
핏발선 발 내려다보며 울상이다
정신없이 나대다가
고추장 뒤집어쓰고 아프다고 울상인
손주놈 같다.

3
또 봄

소록도에 내리는 눈

바람 부는 날
눈은 바다에서 올라와
소록도에 뿌려진다

숨가쁘게 달려왔지만
얼마나
멀리
왔느냐고 묻지 않는다

얼마나
차갑더냐고 묻지 않는다

닳아빠진
소라 껍질 속의
먼
이야기만을 듣는다

모든 것이
그분의 은총일 뿐이라며

말을 삼키는 소록도

바다에서 날아온 눈은
제일 먼저 녹아
맑은 물이 되어
하늘로 올라간다.

길

삼십 년 전에 돌아가신
어머니 일밖에 몰라
그만 하라고 성화를 댔지

걱정 말어
팔십이 넘으니 겨우 길이 났어
이제사 할만 하당게

주렁주렁
빨갛게 열린 감나무 올려다보며
엄두를 못 내고 있을 때

맨발로 담장 위에 올라 감나무를 타고
우둑우둑
한 바구니씩 감을 땄다

갈라진 감나무 껍질같이 생긴 발바닥
말라비틀어진 곶감처럼
조글조글한 손등에도 길은 나 있었지

장마에 너무 곪아터진 골이 되고
가뭄에 말라 갈라진 가슴팍에
갈기갈기 나 있던 길

그 길이
비단 길이 아니었다는 것
내 나이 칠십 되어

겨우 알 듯하다.

육영수 생가지

삼정승*이 살았다는
육영수 여사의 생가지
침묵하며 발걸음 옮긴다
학같이 고귀한 딸
온갖 것 다 누리고도 남았을 법한데
세상물정 모르고 내 목소리만 곱다고
머리 쳐들고 다녔을 듯한데
보릿고개로 배고픔
장애로 버림받은 아픔
늙어 외로운 설움까지
어이 그리 따뜻이 다독였을까
독일 방문 때 우리 광부와 간호사들
어머니, 어머니 하며 부여잡고 울던 비단 치마폭에
그들의 애환을 감싸 안고 함께 울었던 어머니
손수 기워 입은 속옷 한 땀 한 땀은
국가와 민족의 아픔을 꿰매는 시대를 뛰어 넘은
국모의 마음 이었으리니
지성과 미모를 겸비한 최고의 영부인
님은 가셨어도

우리 가슴속에 영원히 꺼지지 않는 불빛.

* 삼정승 : 조선시대 김정승, 송정승, 민정승(3인의 정승이 차례로 거주하였던 조선 상류 계급의 건축 구조를 갖춘 가옥으로 1920년 육영수 여사의 부친이 민정승의 자손으로부터 매입한 것으로 알려짐).

동학사의 밤

한 해가 등 너머 간 후
계룡산 골짜기
초로의 여인들이 모여
굽은 길을 돌아본다
산등성이에서 수묵 담채화를 그리던
순한 달빛
반짝이는 북두칠성
재잘대는 희뿌연 나뭇가지 위의
참새 떼
저 언덕 아래 불빛
고즈넉한 단칸방 안에는
탱자처럼 탱글탱글 영근 입심
아직은 너끈히
밥벌이 한다는 큰 소리가
내일의 시간을 열고 있다
귀 기울이던 달빛
더딘 발걸음으로 사라진다.

성묘

산봉우리 중의 봉우리
고고하던 당신들 모습으로
구름을 벗삼고 한적하게 누운 곳
강산이 세 번도 더 변했는데
이 고운 단풍
한 번 쯤 일어나 구경하시면 안 되나요
당신의 막내 딸
제가 부르면 벌떡 일어날 줄 알았는데
번번이 대답은 없고
바람은 회오리바람
귀가 안 들리는지
눈을 뜰 수 없는 건지
너무 깊은 잠에 빠져
일어날 수 없는 것인지
그러나
당신들을 생각할 때면
하늘은 푸르고
마르지도 넘치지도 않는 강물일 수 있어
세상은 촉촉한 풀밭이었습니다.

3월의 새싹

칠흑 같은 어둠 속 긴 세월
고개 숙이고
눈을 감은 채
살며시 귀를 연다

햇살이 어디쯤 왔을까
천천히
날마다
발자국 소리 귀로 잰다

으쌰으쌰
지구를 들어 올리는
힘으로
고개 내민다

누가 세상을 어둡다 했나

통 큰 햇살이
손잡아 주고

밤하늘에 쏟아질 듯한 별
다정한 친구 같은 달빛이 반긴다.

봄

폭풍의 언덕 눈보라는
넓은 가슴으로 끌어안고
어두운 밤 깊은 골짜기는
자장가로 업어 재운다

솟구치는 물결 가락인 양
훠얼훠얼 춤추며 달려오는
봄을 맞는다

저만치 마당 한 구석
조각별 사이로
살포시 얼굴 내밀고
수줍어하는 노오란 꽃각시는

아직 시린 손끝을
여린 햇빛에 녹이며
미소짓는다.

봄을 찾는다

하~얀 눈 속에 고개 내민 입춘

뱀의 혀처럼

날름거리며

봄을 탐색한다

뺨을 스치는 찬바람에

멈칫하다가

땅속 깊이 고개 묻는 봄

안절부절이다.

또 봄

알싸한 삼동(三冬) 지난 나목
회색 그림자 감고 있다
숨구멍 하나 성한 데 없이
바람 숭숭 들락거리는 살결 속 침묵을 보냈다
동박새 더듬거리는 목소리 가다듬는다

입춘이 오고 있다는 소식
봄비처럼 내리는 음파
촉촉이 젖어든다

얼얼한 몸 푸는 설레임
공허한 하늘 한 번 보고는
신발 벗어든다

앳된 햇살 알뜰히 끌어모은다

파랗게
노랗게
비단 옷

한 벌
선사하자는
실개천
버들 강아지.

귀띔

—봄

삼월의
곱살스러운 바람

마당 한 가운데 서서
가까이 오라 손짓하며
귀 좀
빌리자 한다

땅속 가까이 허리 굽히고
소곤소곤
알았지?

왁자지껄

그렇게
오는 거야.

꽃이 된 당신
——할미꽃

담장 밑
조그만 바위 옆
빨간 얼굴 다소곳이
햇살 가득 등에 지고 있다
지팡이 대신 내미는 손
봄바람 잡고 일어서려는데
허기진 배 등에 붙었다
보릿고개 소식 아직 먼데
빈
입
오물오물
밥 대신 돌을 내려다보는
엷은 미소 아지랑이처럼
햇살에 그네를 탄다.

꽃이 되는 말

어머니 부르면
봄이 온다
뒷동산 할미꽃 진달래 꿈틀거리는 기척에
앞마당 나지막한 담장 밑
주섬주섬 짚단을 치우고
보글보글 햇살 긁어 모아 꽃씨를 뿌린다
쑥갓 상추 심기에도 모자란
황금 같은 땅
구석구석 꽃을 심는다
사람이 밥만 먹으면 사는 게 아니라며
개나리 수선화처럼
어린 나비 노오랗게 물들여 놓는다
채송화 봉선화 달리아 나팔꽃
꽃잎 포개어 필 때면
빨강 꽃에 물든 노랑나비 알록달록 호랑나비 된다
꽃밭에 호미든 어머니
씨줄 날줄 건너뛴 삼베적삼 꽃보다 곱고
허기진 배 든든하기만 하다
철부지 노랑나비가

호랑나비 되는
그 날
어머니의 염원이
허공을 디디며 가볍게 난다
동쪽 하늘 향해.

꽃집

꽃씨를 심는다
호미 지나간 자리마다
꽃이 일어나고
해가 웃는다
벌 나비 앉아 사색하고
해의 까만 눈동자
뱅글뱅글
반짝반짝
꽃집 속에
놀고 있다.

꽃이 날개를 달 때

어릴 때
네다섯 살쯤
꽃밭에 앉혀 놓고
밭을 매던
엄마

꽃을 보면
생각나는 게 있다는 말
두 눈은 나비의 날개 되고
가슴은 향기로 피어났어
세상 모든 것이 꽃이었지

태풍이 할퀴고
홍수에 휩쓸린 뒤
허무가 목덜미를 잡고 흔들어도
해와 달은
무지개로 솟아올랐어

세상 모든 것은 꽃으로 피어났지
날개 달린 꽃으로.

봄의 예감

뜨거운 입술
으스러지도록 끌어안은 몸
가쁜 숨소리 하나 되어
울고 말겠지
절정의 순간에.

4

생명의 회귀

쭉정이

친구야
우리가 만나면 여는 창 너머
별나라 이야기가 있고
꽃이 피고 지는 동네
비가 오면 젖은 손
맞잡기도 하던
친구야
이마에 파고든 주름
새봄에 핀 벚꽃처럼 흐드러졌구나
걸어 온 자갈밭 닳아진 고무신
누구의 것인지도 모르고 지고 온 짐
찬바람 부는 계절의 끝자락이었지
친구야
쭉정이 호두껍질 된 마음
골마다 흐르는 안개만
산골짜기 물 흐르듯
구비 돌고 있구나.

입춘 앞에 서서

아침 햇살 두리번거리며
봄을 찾고 있다
창을 열자 저만치 봄눈이 걸어오고
잔디밭 들마루에
장독대에
두어 뼘 넘게 소복이 앉아
도란거린다
처마의 낙숫물 주르르 흘러갈 때
보석처럼 반짝이던 쌓인 눈 구멍 숭숭 내며
세월의 강 따라가고
진달래 꽃망울
감았던 눈 살짝 떠
봄을 맞는다.

일심동체

노ㅡ 크 소리에
잠깬 수선화
찾아온 나비 맞이한다

덤불속 웅크렸던 긴 세월
기다림이
오늘의 기쁨이라고
끌어안는다

수선화 노랑나비
한마음 한 몸 된 오늘
봄이라
이름한다.

삶의 온도

이른 아침
마주 앉은 식탁
따뜻하니 마셔라
물을 권한다

알맞은 온도
섭씨 39도
살아온 삶의
교집합이다

아들 딸 삼남매의
솜털 같은 밀어
손자 다섯 남매의 재롱
교집합의 교집합이다

크고 작은 소리
어우러져 지나온
이른 아침의 하모니.

생명의 회귀(回歸)

삼월의
야트막한 햇살에도

해거름
빈 바다의
갈매기 울음처럼
쓸쓸해 질 때

땅속에서
방랑 시인같이
삿갓 쓰고
내다보는 눈빛을 본다

들썩들썩 춤추는
요정들의
현란(絢爛)한 몸짓을 본다.

으아리의 눈물

불붙을 것 같은
앙상한 가지
생명이 있을까

숨막히는 세월 지나고
겨울을 진정 용서한 뿌리는
흐르는 눈물 쏟아
햇순 티워 초록 옷 입었다

손바닥보다 더 큰
여덟 꽃잎 활짝 피워
보라색 왕관 쓰고
입가의 미소는
흐르는 눈물에 젖어 있다.

누더기

단풍잎 질 무렵이면
어머니 장롱 속 누더기가 나온다
십오 년 입은 몸빼(바지)

본래의 천은 오간데 없고
빨랫줄에 너덜너덜 뒤집어 널 때
낯선 사람 만난 듯 밤새 자지러지던 강아지
날 새면 고개 숙인다

칭얼칭얼 막내딸의 잠투정이
양털보다 더 포근하고 따뜻한 누더기의
무릎에 얼굴을 묻으면
천사의 품속처럼 꿈이 달콤했다

이 계절
서리 맞고 고개 숙인
들국화처럼 애처롭고
바스러진 단풍잎 같은

누더기가 뒹굴고 있다
단풍이 지고 있다.

겨자씨 같은 유언

세수하지 않아도 고운 얼굴
복(伏) 중의 다알리아
흔들림 없는 눈동자가
지켜본다

꽃을 보고
살아야 한다는 말

겨자씨 한 알이
온몸 들썩여
혈맥(血脈)을 이룬다

황혼의 그림자로
태어나려
발걸음 재촉한다.

온몸이 가을이다

여름 깨지는 틈새로
가을이 내다본다

녹즙 들이마신
하늘 높푸르고
황금빛 드리운다

벌의 등에 맴돌던
감국의 향기
맑은 찻잔 속으로 투신하고

생체리듬 조절한
노란 피가 흐르는
나의 몸은

온통
가을이다.

빈집

겨울 먼지 침묵하는 사립문
눈 감은 나뭇가지
빛 소리에 귀 여는데
벌레 먹은 낙엽 정원 가에 뒹군다
겨울 밤 찬바람 속 오가던 몸짓으로

헝클어진 마음
해산한 고양이 눈망울로 매만지고
촉촉한 봄비로 먼지를 닦는다

발밑에서 두근거리는 심장
마음의 창 여는 소리
시리도록 아름다운
샛노란
복수초.

가을 산에 기대어

친구야
산 그림자 흔들리는
가을 산을 바라보느냐
우리의 가슴처럼
불붙어 타오르던 저 산봉우리
폭포수 되어 튀어 오르는
눈물이 다독였지

하늘 푸른 계절
가을이란다

고운 햇살 하루가 지나고
노을이 단풍처럼 붉게 타는데
푸서리* 한 귀퉁이에 서서
움푹 패인 골짜기 속
숨은 눈을 뜨고라도
가을 산을 바라보자.

* 푸서리 : 덩거칠게 잡풀이 무성한 땅.

가을의 문턱에 서서

푸른 별빛 출렁이며
발등을 적시고
달빛의 미소가
미루나무 허리를 감싸 돈다

소슬한 바람
풀잎을 가르면
귀뚜리 소리 안개처럼 흩어져
날개를 단다

두 손에
도토리 한 알 주워든
다람쥐의 맑은 눈이
가을을 만지작거린다.

가을을 먹는다

구멍 난 갈참나무 잎
가을을 먹고
들국화 꽃잎의 이슬방울
푸른 하늘 마신다

익은 햇살 삼키느라
고개 숙인 벼이삭
햇살처럼 맑은
홍시 하나
산새의 뱃속이 산실이다

건들거리는 수수나무를
산새보다
바람이 먼저 탐내는
가을의 입맞춤.

낙엽으로 물든 강

낙엽으로
붉게 물든 강물
두 손으로 한 움큼 쥐면
앗 뜨거워! 소리칠 것 같다

반짝반짝
꼬리를 흔들며
강물로 투신하는 불덩이 같은 열정

모진 비바람
천둥 번개는
독수리가 새끼를 위해 천 길 낭떠러지에
떨어뜨리는 훈련이었지

타는 가슴으로
마지막 열정을 품어주는
강

그대가 있어 미련 없는 투신이 아니던가요

영원히 마르지 않는
강이 있기에.

물결

세상 한 바퀴 돌아나온
강물 같은 물결
어디든 닿지 않겠나

하늘 멀리 날갯짓 숨찬
기러기 떼의 목마름에

깊은 산속 엄마 찾는
아기사슴의 순한 눈망울에

물오른 버들강아지의
솜털 같은 목에

아지랑이 꼬물대는 담장 밑
배시시 웃는 수선화의 노란 볼에도

어디든 물결 흐르지 않겠나

귀 막고 눈 감은

너와 나의

아픈 간격에도 안개 같은
물결 흐르는데.

돌아가는 길

단풍처럼 곱게 물들지 못하고
가랑잎보다 더 바스러져도
아름다웠다 말하자

실개천 한 줌 보태는
가랑비
분수되어 피어올랐다
폭포처럼 솟구치기도 했다 생각하자

잎 떨군 나무 봄 햇살에
물오르는 새순처럼
또는 산골짜기 이곳 저곳
흐드러지는 안개같이 돌아가는
이 길

꿈 같은
길.

5
시의 궤변

천둥 벼락

오늘은 울분의 말이 허공을 덮고 있다

솜사탕 같은 숨소리로 속삭이려 했지만
나를 거부하는 몸짓을 거부한다

자꾸자꾸 밀어내는 눈동자 속을 세상에서
제일 큰 소리로 채우려 했고 아슬아슬한
얼음판을 뒤집어 세워 높이 들어올리고 싶었다

함께 했던 벤치 갈 곳 잃어
이별이라는 말 속에는
천둥이
벼락을 품고 있다.

칼바람 주무르는 햇살

입춘 지난 햇살
흰 눈과 칼바람 빨아 널고 있다

얼어붙은 골짜기 조물조물 주무르고
거칠어진 나목의 껍질 비비적비비적 흔들어 헹군다

소곤소곤 돌돌 거리고
간지럽다 호들갑이다

첫사랑의 몸단장 상큼함 더해
푸른 강물 길을 내고 있다

출렁이는 바다
은빛 고기떼
햇살 튀어오른다.

연인

언 발가락 온기 돌듯 날이 풀린다
날마다 푸르러지는 동맥의 피가 뛰고
기다림은 더해진다

하얀 솜이불 속 죽은 듯 잠잘 때
숨소리에 귀 기울이며 가슴 태웠다

유리알 같은 골짜기 아래 흐느끼며 흐르는 피
언 발의 상처를 위한 수혈임을 알려준 당신
마음 변치 말라는 약속의 수신호였다

연분홍 사랑 받아주길 기다리며
설레는 마음 구름 띠로 묶었다

다람쥐와 산새들 작은 풀꽃과
도마뱀의 혀까지 입맞춤하는
당신은 연인.

잠시 벙어리가 되었던 나

하늘에서 하얀 축복이 내린다
눈송이마다
그대 얼굴 되어
활짝 웃음 짓는다
산새도 둥지에서 마중 나와
촘촘한 발자국 남기며 서성이는데
그대 이 눈을 보고 있는지
언젠가
덤으로 사는 인생
하던 일 멈추고
김삿갓의 바랑 짊어지고 정처 없이 떠나
팔도 유람이나 하고 싶다고 말했지

잠시 벙어리가 되었던 나
그대에게 할 말 있었네

갈 길 바쁜 우리
시리도록 아름다운 순간을 위하여
함께 먼 길을 가자
그리운 사람아.

돼지감자

물그림자처럼
아른거리는 얼굴
친구의 마음은
순연한 돼지감자를 닮았다

돼지감자 심어서 말려주며
"당뇨에 좋다는데
먹어보고 좋은 것 같으면
더 많이 농사지어 줄게"

열정적인 활동에 뛰는 듯 나는 듯
두 발 땅에 닫는 둥 마는 둥
남이 해주는 것도
먹을 사이 없는 '자야'

그 마음 몽땅 받아먹은 나
산딸기 빛으로 익은 마음
멀고 긴 골짜기 빠져나온
뜨거운 피 샘물같이 넘쳐흐르고

꽃잎 져도 서러울 리 없는
강물로 강물로 흐른다.

잡초

풀을 뽑는다

불타는 태양을
머리에 이고도
서슬 퍼런 모가지가 질기다

종아리에서
피를 맛본 거머리처럼
흙을 빨던 뿌리는
처서가 지난 하루 이틀 사이에
기력을 다해 손 놓은 늙은이다

뿌리가 놓아버린
흙에 덮여
흙으로 돌아가라는
그런
화살 하나
가슴에 꽂아 놓고
살같이 달아난다.

마음밭에서의 기도

사람의 일이 그렇듯
한 해의 끝자락에서
미끄러져 넘어지고 만다
침대에서 등을 떼어보지 못한지도 십여 일
병상에 누워 보내는 마음은
한 줌 햇살과
구름 속 빗방울 몇 개
끌어와 맺은 열매 떨군
빈 가지 되어
하늘 향해 두 팔 뻗는다
나의 기도가 허방을 향했나
너무 높았나
아니 이것이 자유라는 선물이던가
흐르는 물 되려고
구름 속 빗방울로 바람 뒤에 숨어
다소곳이 엎드려
제야의 종소리 끝없이 펼쳐나가는
그 아래서 영혼의 낮은 기도 올린다.

칠갑산
——베등걸이

비에 젖은
거미줄 같은 베적삼
슬픈 젖가슴 가리운 채
콩밭 누비던
힘줄로 날 선 손등
진한 땀방울 뿌린다

터질듯 영근 콩 단 앞에
메마른 단풍잎 하나
땅에
툭
떨어질 때
베적삼은 매미 허물이다

당신이 햇살 푸른 하늘
가슴에 안고 떠난 길
나는 허물이 된 베적삼 걸치고
숨가쁜 파도를 밟으며
그 하늘을 향해

하루라는 길을 걸어간다
햇살이 바람을 품듯이.

딸의 선물

손뜨개 옷이다
촘촘한 거미줄 같은 곳에
바깥쪽의 눈이
안쪽의 눈을 바라본다

두 눈이 끈적하게 거미줄에 붙고
간격과 간격에서 마주쳐
조롱조롱 물방울 맺힌다

삼복더위에 상큼한 바람으로
피어오르는 꽃잎 사이 사이
침묵의 무게 샘솟아 넘치는데

오직 한 가지만 생각하며
의미를 새기고 싶었다는
딸의 말
지구의 밑바닥에 출렁인다

거미줄처럼 하늘거리고

대바늘처럼 가느다란 손끝
맴돌고 돌아
헤아릴 수 없는 숫자로 되돌아오는
내면의 솜씨까지

섬섬옥수(纖纖玉手).

시가 된 집

어느 여름 집을 짓기 시작했다
고래등처럼 시커먼 시멘트와
금빛 모래
이마에 흐르는 붉은 땀
하— 얀 시 한 줌 퍼서
레미콘에 빙글빙글 흔들어 거푸집에 주르르 들어붓는다
철커덩 철커덩 거푸집 요동치고 굵고 가는 철근 비수되어 찔린 자리에
꽃봉오리 되어 오르다가 빨간 꽃잎 뚝뚝 떨어진다
PVC 꽂은 자리 숨통 트이고 콘크리트 거북등처럼 굳어간다
크고 작은 타일 제자리 찾아 앉고
거실에 오크(oak) 조각 앞을 다투어 빼곡하게 드러눕고 나면
기도로 고한 자리
예수님 성모님 모시고 뜨거운 마음 나눈다.

시(詩)의 궤변

시계의 초침
뒤로 가는 법 있던가

뛰어나와도
시원치 않을 터

불러도
기척조차 없는데

신음하고 있는 건지

등 너머
닭 울음소리에

멀리
뛰기 위해

더
엎드려야 한다는

궤변.

시에 미친 남자

빈 잔에
시를 부어
식사로
반주로 마신다

시 속에
연못을 파
달 그림자
별 그림자
떠서 마시고

연꽃을
모래밭에 심어
물을 주는 남자.

맏며느리 된 큰 딸

선달그믐날

시댁 간 큰 딸

텅 빈 빈집 마당

하— 얀 눈이 소복이 내렸다

마당 한가운데

환한 웃음

하얀 마음에

차마 발자국 낼 수 없어

발걸음 돌린다.

노래가 부르는 노래

세상에서 가장 아름다운 노래
그 노래 부르기 위해
전율하듯 온몸 떨어야 하는 것
너는 알 수 있니
귀똘
귀똘
귀또르르

장맛비 같은 가을 빗속에 몸을 감춘 채
숨죽이며 온통 바다로 떠내려가는 것
세상이 끝나는 것 같은
그런 시간 품어 본적 있니
귀똘
귀똘
귀또르르

노래가 노래를 끌어안고
노래가 노래를 부르는 것
온 밤이 한꺼번에 일어나

부르는 노래
귀똘
귀똘
귀또르르
귀또르르.

까마중*의 향기

밭둑의 까마중이 고향 집으로 데려간다
초가집 안방에는 손때 묻은 책을 외우는 듯
홍길동 된 아버지 계시고
반질한 피리 소리는 하나 둘 분꽃을 피운다

마당의 절구 속
웃음 가득 머금은 보리가 폴짝 폴짝 뛰고
날아갈듯 쪼그리고 앉아 보리알 줍다가
집 모퉁이로 바람개비처럼 내 달린다

옥구슬같이 조롱조롱 달려있는 까마중
꼭지가 붉을락말락 한 것을 삼키려다 뱉는다
강아지도 먹어 볼 듯 혀를 댔다가 고개 흔들며 털어내고
꼬리 흔들어 손등을 간지린다

아궁이의 보릿대 딱딱 총 쏘듯 하고
가마솥에 우윳빛 밥물 풀풀 솥뚜껑 넘나들 때
박꽃 같은 어머니의 요술 손이 조몰락조몰락 고소함 더해지고
뱃속은 도랑물 흐르듯 쪼르륵 쪼르륵 보리밥 부른다

안개 같은 세월 속절없이 흘러가고
굽이쳐 흐르는 냇물 흙탕물 되어 흐르기도 하지만
까마중을 좋아하던 강아지
떫은맛에도 꿀맛으로 주인 섬기니
한결같이 흐르는 맑은 물이더라

* 까마중 : 길가나 밭둑에서 자라는 한해살이 식물로 열매가
콩 같고 까맣게 익으면 먹기도 한다.

까치소리 날고

한 마디 리듬이 날아오른다
낭창낭창 떨어질 듯한 허무
새벽달에 걸린 전깃줄
아찔한 시소다

아침 햇살 기다리는 까치 한 마리
고개를 가누고 꼬리를 파르르 떨며
치켰다 내렸다
수없이 반복한 후
잠자리처럼 겨우 수평을 잡는다

삶의 조각 모은 노래
까악까악
떨리는 한 가닥 리듬은
바람의 결 따라
날아오르고 있다.

6

봉헌

판교 천변(川邊)의 밤

거실 등을 끄고 창가에 앉았다
구름다리 위 줄지어 선 불빛 차례대로
하나씩
꺼졌다 켜지며 색깔을 바꾼다

다리 밑 흐르는 냇물
네온사인으로 출렁인다

밤 깊을수록 황홀경에 빠져
속삭인다

품속 파고들어
차가운 밤바람 몰아 언 발까지 들이대고
맨살에 비비며.

어미새의 가슴이 뜨겁다

빼곡하게 들어선 유채밭 사이
오월의 향기 엮어
보금자리 만들었다

강낭콩보다 조금 더 큰
새알 두 개
유채 열매 영글듯 영글어간다

날개를 접은 채
탄생의
시간을 헤아리는 어미 새
배고픔 잊고

체온과 체온을 끌어당기며
붉은 핏줄 한 올 한 올 이어주는
그 푸른 마음 뜨겁다.

아침 산

세수하고
나온 산
물가에 앉아
거울을 본다

그의 옆에
나란히 앉은
마음
빈 하늘이다.

죽전천의 아침

풀잎에 기대인
이슬방울 털어내며
낯익은
강아지 왔다고
꼬리치는 강아지풀

오리 날며
물 튀기자
까르르 웃는다

고사리 손 위의
강아지풀
오요오요 부르자
데굴데굴 개구지다.

봄비를 닮은 것들

알에서 깨어난
노오란 병아리 같다
이슬비는
병아리 눈뜨는 소리
봄비는
한 알 씨앗의 설레임
샛노란 것에 대한
첫 인사
놀란 눈 번쩍 떠
어미닭이 되고
꽃이 된
생명.

늦은 오후 문득

캔버스의 하얀 종이 위
회색을 덧칠하던 철새였다
두더지를 쫓아 허우적이다
날개 사위어 가고
실핏줄 뒤틀려
함께 땅속으로 숨고 싶을 때
해 기울어 늦은 오후
부축해야 일어나던 그림자 위로
일찍 나온 별이 머리 위를 맴돈다
문득
별처럼
어두운 밤하늘의 연인이 되자고
노래하는 종달새처럼
하늘을 품자고.

친구

오십여 년 전
고등학교 때의 7명 친구
함께 모여 하루를 지낸다

밤 깊어
별 익는 소리
파란 하늘에 쏟아질 듯
산장(山莊)의 흔들림은

같은 별 속에 울고 웃던
아름다운 전설을 찾아가던
가슴
가슴들

지난 한 밤
청춘을 보낸 서러움의
단풍 고운 새빨간 웃음의
하느작 거리던
그림자
때문이다.

가뭄

목마른 멧새
비가 왔으면

마른 연잎
톡톡 찍어댄다

이렇게
소낙비
내려라

깃털
후두둑
털어본다

기우제 지낸다.

서윤이 돌에

하늘이 내려놓아
땅에서 솟아난 아가야

꽃향기와 나비의 춤 속에서
순간순간을 사랑으로 끌어안고 뿌리 내리는구나

겹겹이 덮어 주는 흙으로
튼실한 뿌리 바위처럼 굳세고

알찬 꿈을 향해 달음질치면
알알이 영그는 열매 보석처럼 빛나리라

헐벗은 나무와도 열매 나누고
빛을 내려 다독이거라

그 빛 하늘에 닿으니
우리는 태양이라 부른다

구석구석 그늘진 곳 다 비추고

동녘 하늘에 새로이 떠오르는

찬란한 빛이 되어라.

2010년 3월 13일
할머니가

봉헌

하얀 잔설 살포시 덮인 용인 공원묘지
소나무들 귀한 손님 맞는다 수선 떨고
산 목련 털북숭이 손 내밀어 악수 청하는데
이별을 아쉬워하는
아릿한 바람 이리저리 서성입니다
몸을 가누지 못하는 잔설도 어깨를 들썩입니다
천사가 내어주신 하얀 제의에
묵주 하나 달랑 들고 떠나시는 아버지는
당신의 모든 것을 내어주셨습니다
우리가 살아가야하는 삶은 무엇인지
어떻게 살아가야 하는지
왜 사랑하고 용서해야 하는지
그 모든 것을 알려주고 하느님 품으로 돌아간
김수환 스테파노 추기경님을
주님 받아 주소서
기쁨은 어디에서 찾아야 하고
희망은 어디에 두어야 하는지
아름다운 하느님 나라는 어떤 것인지
실천하시며

침묵으로 말씀하시고
눈물로 가르치셨습니다
스스로 바보라고 하신 우리들의 바보 아버지
당신께서 보이신 기적의 삶을
우리가 살 수 있게 돌보아 주소서
천상의 꽃 되시어
우리를 그 향기로 불러들이소서.

가을 이미지 · 2

저만치 달아나는
가을
바짓가랑이에
도둑놈까시
달라붙는 걸 보니
가을도 깊어가는구나
까치
과일 찍어대느라
숨찬 목울대 곧게 세우고
가느단 세월
잡아매려는 듯
분주하기도 하다.

영적(靈的) 어머니〔代母〕

천(川)과 천(川)이 만나 마르지 않는 강물이듯
영(靈)과 영(靈) 사이에 흐르는 물길이 있다
얼굴 마주하지 않아도
슬픔의 물결은 파도로 험난하고
기쁨의 물결은 아침햇살이다
가뭄도 이길 깊은 강물이기 위해
정성으로 드린 기도의 물길이 트이고
시작과 끝을 알 수 없는
모녀의 강은
언제나 목마르지 않는 맑은 물 되어
그 분 앞에서 출렁인다.

김민기(비오) 태어나다

햇볕 모아 부으니 칠월의 바람 푸르고
녹음 여는 소리 우렁차더니
기적의 별자리 내려와
설레임 속 첫 손자 태어났다
꽃망울 같은 눈동자
맑은 피부가 향기롭고
지구의 움직임 들리는지
발자국 소리 안 내도 깊은 잠 못 이뤘다
백일 된 아기의 옹알이 박자가 맞고
돌 지나자 다른 사람 흉내 내어 웃음 바다였지
학교 가서 친구들의 시선 속에
달빛 같은 우정 엮어 가고 있다

첫영성체로 다시 태어나는 비오
주님 성혈로 내일을 예비해
드높은 바람 가슴에 안고
바다 지키는 등대처럼
세상을 비추게 해 주소서
어둠이 홰를 칠 때 세상 밝아오듯

말씀의 불씨 밝히게 해 주소서.

2011년 1월 30일
첫영성체 하는 김민기 비오를 축하하며
외할머니 이순애

민서의 입학

새순 같은 햇살 문 열어
개나리 단장하는
꽃잎바람 사사로운데

독정 초등학교 운동장
어미 날갯죽지 털고 나온
병아리들
풀꽃 쪼는 속삭임

또로록 구르는
분꽃 씨앗처럼
까만 눈동자

처음 보는 세상
신비롭고
눈부셔라

고개
갸웃갸웃

노란 부리

쫑쫑.

2014년 3월 3일
사랑하는 민서의 입학을 축하하며
할머니가

손자(요나)의 입학

독정초등학교 운동장
버들강아지처럼 보드라운 햇살
나풀나풀 놀고 있다

거울처럼 맑은 선생님 미소에
솜털 벗은 뽀얀 얼굴들
낯선 듯
낯익은 듯

서로를 바라보다가
까르르 웃는 소리
앞산에 오른다

개나리 진달래도
손잡고 달려와
까만 머리 쓰다듬어
반지르르 곱기도 곱다

알록달록 꽃송이

기쁨으로 가득한
초등학교 운동장.

요한의 첫영성체

기도
그
씨앗의 빛
탄생인
요한

찬란한
빛
온유의 그릇에 담아

영성체로
꽃피게 하시는
당신의
신비.

2014년 6월 22일
사랑하는 요한이의 첫영성체를 축하하며
할머니 이순애

이순애 시집_ 예감

초판 인쇄 | 2018년 4월 15일
초판 발행 | 2018년 4월 20일

지 은 이 | 이순애
발 행 인 | 문효치
편집국장 | 김밝은

펴낸곳 | 사단법인 한국문인협회 月刊文學 출판부
주소 | 서울시 양천구 목동서로 225 대한민국예술인센터 1017호
전화 | 02-744-8046~7
팩스 | 02-743-5174
이메일 | klwa95@hanmail.net
등록 | 2011년 3월 11일 제2011-000081호
ISBN 978-89-6138-373-8 03810

값 8,000원